DES FAITS ET GESTES

DE

VAUDREY DE SOYÉCOURT

SEIGNEUR DE MOUY

DES FAITS ET GESTES

DE

VAUDREY DE SOYÉCOURT

SEIGNEUR DE MOUY

PAR

Auguste BAUDON

BEAUVAIS

IMPRIMERIE CENTRALE ADMINISTRATIVE (SOCIÉTÉ ANONYME)

15 — PLACE SAINT-MICHEL — 15

1887

DES FAITS ET GESTES

DE

VAUDREY DE SOYÉCOURT

SEIGNEUR DE MOUY

PRÉLIMINAIRE

Au XVIe siècle, le schisme de Luther mit l'Europe en feu. Dans chaque nation, en France principalement, les populations se séparaient nettement en Catholiques et Réformés, acharnés les uns contre les autres. Les princes, suivant leurs intérêts, souvent par conviction, adoptaient le Luthéranisme ou restaient Papistes.

Comme d'habitude, les grands seigneurs masquaient leur politique sous le prétexte de l'amour de Dieu et de la protection de la sainte Eglise. De là une lutte sans relâche où le spirituel se confondant avec l'ambition engendraient des haines implacables.

En France, les Protestants formaient un groupe inquiétant. A diverses reprises, ils obtenaient des souverains, proportionnellement au degré de crainte qu'inspiraient les chefs, l'autorisation de pratiquer leur culte plus ou moins librement. L'intolérance catholique s'accommodait peu de ces licences supportées impatiemment par ses membres fervents. L'anéantissement de la religion réformée devenait la constante aspiration de tout papiste.

La glorification de la Saint-Barthélemy par le Saint-Père et l'allégresse des cagots à la vue de la boucherie des hérétiques avaient montré ce qu'on devait attendre de ces forcenés.

En 1576, le duc de Guise, de concert avec le cardinal de Lorraine, trouvèrent les circonstances favorables pour former un parti puissant. Il fallait, disaient-ils, défendre la Religion contre les entreprises des Luthériens. Les vrais croyants vont subir le martyre; il est temps de s'unir, de résister aux ennemis de Dieu..., et autres discours colportés dans les provinces par leurs partisans. Il est remarquable que les Catholiques traquaient de tout temps les malheureux dissidents, regardaient leur égorgement comme œuvre méritoire, mais qu'ils se posaient en victimes. Bref, le moment était bien choisi. Le roi Henri III excitait le dégoût des Parisiens. Livré à de honteuses débauches, l'on devait penser que sa race s'éteindrait en lui. Le prince lorrain jouissait d'une grande popularité, c'était encourageant ! Ce misérable monarque venait de rendre un édit de pacification en faveur des Protestants, ce qui augmentait la rage des bourgeois. Décidément, l'on ne pouvait mieux désirer. Aussi les Guises, secondés par le clergé, par la moinerie, par les intrigants ayant de l'influence sur les masses formèrent la Ligue ou Sainte-Union.

Les deux oppositions se trouvaient en présence : les Guises, chefs des Catholiques; Condé et le roi de Navarre à la tête des Réformés. Quant au Valois, il ne comptait plus. En vain il tenta de mettre la paix entre les partis; il aboutit à exciter plus de haine contre sa triste personne. Le Lorrain chassa de Paris ce fantôme dans la Journée des Barricades. Henri III, profondément dissimulé comme les autres membres de sa famille, fit toutes les platitudes possibles pour se réconcilier avec son mortel ennemi, car il avait résolu de l'assassiner, ce qu'il exécuta à Blois. A son tour, il fût payé de même monnaie. Les Jésuites expédièrent Jacques Clément, qui lui administra un coup de couteau dans le ventre et débarrassa le royaume de cet ignoble roitelet, dernier reste de cette race qui causa tant de maux à la France. Le Béarnais, par cette mort, devenant le roi légitime, l'on aurait pu espérer alors une pacification générale. Mais comment les Catholiques auraient-ils supporté un Huguenot, un Hérétique digne du bûcher? La lutte recommença donc de plus belle. Mayenne, Philippe II d'Espagne, qui, lui aussi, convoitait le trône de France, soutenus par la majeure partie de la noblesse et les ligueurs, recommencèrent les hostilités contre Henri IV, qui avait à conquérir son royaume.

Quand la passion s'en mêle, elle trouve toujours

de l'écho chez le peuple attaché sans réflexion à ses antiques croyances. Bientôt une haine féroce s'ajoute à une conviction non raisonnée, et de là une rage implacable qui ne s'éteint même pas avec l'abattement des combattants.

I

Les provinces du Nord, fréquemment visitées par les Guises, adoptèrent la Ligue avec ardeur. L'acte constitutif fût signé à Péronne le 12 février 1577. Beaucoup de grandes villes s'empressèrent d'y adhérer, car, entre les bourgeois presque tous catholiques et ceux de la religion, il se produisait souvent des démêlés. Beauvais, cité moult dévotieuse, grandement livrée de tout temps au bigotisme, saisit avidement l'occasion. Elle ne demandait qu'à s'associer aux centres populeux afin de courir sus aux hérétiques. Le fanatisme des habitants s'exaltait chaque jour sous l'influence des discours enflammés de Luquin. Sans doute le terrain était tout préparé; la parole du moine faisait le reste. Ce frocard infiltrait le sombre enthousiasme de son esprit chez ses auditeurs. Ascétique, osseux, il desséchait de fureur contre les Huguenots. Du haut de la chaire, il vociférait sans relâche : « Qu'il fallait les exterminer jusqu'au dernier par le fer et le feu. » Son texte ne sortait pas de là. « Tuez l'homme, la femme, l'enfant à la mamelle, écrasez cette engeance! qu'il ne reste rien de cette race impie, exécrable, ennemie de Dieu ! Vengez Dieu ! tous sont fils de Satan. En les détruisant le Père tout-puissant vous admettra en Paradis. »

Et pour frapper davantage les imaginations on exposait le Saint-Sacrement pendant ces horribles sermons, afin de persuader aux Beauvaisins que Dieu les écoutait avec joie.

Ces discours, répétés constamment d'une voie inspirée, pénétraient profondément chez des gens habitués depuis longues années à la domination du prêtre et aux spectacles sanglants des guerres religieuses. Ils considéraient donc la persécution des Protestants comme une bonne action, de grand profit pour leur âme.

Nicolas Fumée, évêque de Beauvais à cette époque, se montrait soumis au roi Henri III. Les habitants ne l'aimaient pas, se méfiaient de lui et le surveillaient, tant ils craignaient une trahison de sa part.

A la tête de la cité, l'on avait le maire, Nicolas Godin, cumulant avec cette fonction celle de lieutenant du capitaine. Ligueur convaincu, courageux, violent, supérieur en intelligence à la plupart de ses concitoyens les plus haut placés, cet homme se posait en dictateur. Une garde le suivait. Remuant, belliqueux, il organisait les attaques contre les manoirs des seigneurs huguenots. Tout passait par ses mains. Infatigable, il présidait aux approvisionnements, à l'armement, à l'entretien des fortifications. Luquin avait en lui l'auxiliaire le plus puissant.

Telle était la situation. Chaque jour la haine s'aggravait et l'on se préparait à une lutte que l'on prévoyait prochaine. Depuis deux ans, des bandes armées de calvinistes rôdaient aux alentours de Beauvais, parcourant les campagnes, dévastant le mieux possible. Les châteaux de Mouy, de Troissereux, d'Esches, de Merlemont, dévoués à l'hérésie, devenaient des foyers de prédications. Le seigneur de Mouy avait même réuni chez lui quarante ministres protestants afin de conférer des intérêts de la religion. Quel monstrueux scandale pour des dévots! Les pillages n'étaient rien à leurs yeux, les actes de brigandage se trouvaient être mince péché, mais s'assembler pour résister au despotisme clérical, pour conserver le droit de la liberté de conscience, devenait un crime exécrable.

Cependant, jusqu'en 1589, l'on s'observait, et il existait un calme apparent à peine troublé par quelques différends. L'assassinat des Guises produisit une explosion. La ligue s'étendit davantage. Mouy, dont les habitants étaient catholiques et le seigneur calviniste, se confédérait le 6 février avec ceux de Beauvais.

A ce moment, le sire de Mouy, Georges de Vaudrey, servait dans l'armée royale. Les Beauvaisins, profitant de son absence, lèvent une compagnie de cent hommes de pied. Le belliqueux Godin, toujours entreprenant quand il s'agit de nuire aux huguenots, les commande, surprend le castel, emporte un gros butin, emmène des prisonniers et confie la garde de la place au capitaine Falempin.

Qui fut courroucé à cette nouvelle? ce fut le sire de Vaudrey, grandement coléreux par nature. Il était issu de noble et antique famille, dont le chef fut Gilles de Mouy. Sans m'arrêter à la généalogie de la maison qui importe peu au sujet, je dirai seulement que le seigneur actuel de Mouy, Georges de Vaudrey, de la maison de Soyécourt, avait suivi la religion de ses pères et devenait alors l'adversaire de la ligue. D'une constitution robuste, plein d'énergie, il passait facilement deux à trois nuits sans dormir. Guerroyant sans cesse, il ne se complaisait qu'aux expéditions hasardeuses, et, par dessus tout, à dresser des embûches aux partisans de la ligue, aux Beauvaisins principalement, quoique étant châtelain héréditaire de la cité par les Soyécourt. C'était le vrai pendant de Godin.

Sitôt qu'il put quitter l'armée royale, il accourut à Mouy à la tête de ses soudards, reprit son château, chassa Falempin avec sa garnison. Il songea à utiliser l'église. Une moitié de l'édifice fut transformée en écurie; il installa un prêche dans l'autre partie. Cependant, cet homme ne montrait pas autant d'intolérance que les catholiques, détruisant les temples de fond en comble, brûlant, massacrant sans pitié leurs adversaires. Ainsi, Vaudrey autorisa les habitants de Fourneaux et de Coincourt à bâtir une chapelle sous l'invocation de Saint-Laurent, sur le chemin de Beauvais. Il leur donna le terrain qui devint l'emplacement du cimetière, converti aujourd'hui en jardin. Elle fut démolie en 1794. Le village de Coincourt acquit alors une certaine importance, parce que les catholiques y construisirent des habitations.

II

Le duc de Guise, semblable à ses aïeux, ne valait pas grand chose, mais Henri III ne valait rien du tout. Nous avons dit que ce dernier mourant assassiné en 1589, deux partis seulement restaient en présence : Mayenne avec Philippe d'Espagne contre le roi Henri de Navarre. Beauvais tint ferme pour la ligue et se prépara à une résistance opiniâtre. Cette ville ne pouvait compter que sur son courage et sur ses propres ressources. Des détachements royaux interceptaient les communications. Les places fortifiées de Beaumont, l'Ile-Adam, Méru, Mouy interdisaient les rapports avec Paris. Tout commerce était interrompu. Sous l'impulsion vigoureuse de Godin, l'on s'occupe uniquement à forger des armes, à fabriquer de la poudre, à augmenter la défense des remparts. La majeure partie des habitants, électrisés par la menace du danger, y mettaient une activité fiévreuse que les tièdes imitaient par crainte. Vaudrey, devant cette attitude menaçante, se hâta de harceler les Beauvaisins et leurs alliés. Le 9 septembre, il leva une compagnie de piétons aimant autant pilleries que combats, déterminés, se moquant de Dieu et du diable, ne s'embarrassant ni de Luther ni de M. le Pape. Ces jolis soudards se mirent à rôder aux environs de la ville, guettant

la moindre occasion d'arrêter les vivres, de dé-
trousser les rares voyageurs, se mussant ensuite
dans les endroits retirés d'où ils sortaient rapide-
ment selon l'avertissement des espies. La cavalerie osait s'approcher jusqu'à la porte de l'Hôtel-
Dieu et goguenardait les gardes. Les pauvres habitants se tenaient cois, se gardant de franchir les
portes sous peine d'être enlevés, rançonnés ou
occis. On craignait une famine prochaine. Grande
était la haine contre ce seigneur de Mouy, qui les
tenait toujours en alerte et ne laissait pénétrer
nul convoi. Malgré tout, Vaudrey, infatigable cou-
reur d'aventures, ne pouvant se résoudre à rester
au même endroit, organisait d'autres expéditions
sur les pays ligueurs.

Le 14 octobre 1589, on apprit avec joie à Beauvais qu'il s'était éloigné. On respirait plus à l'aise,
mais comme l'on avait été durement harcelé, on
résolut aussitôt de se porter de rechef sur le château de Mouy avec deux pièces de canon. Les soldats catholiques embrassèrent allègrement le projet du coup de main, d'autant plus que l'absence
du redoutable châtelain leur donnait sécurité.
Ils s'avancèrent donc par chemins détournés, à
travers les bois, afin d'échapper à la vue. Ces gens
ne se souciaient mi des choses de la religion. Rober,
gâster, forcer femmes et filles était leur princi-
pale convoitise. Ne prenant aucun intérêt à leurs
coreligionnaires, ils commencèrent à piller le
bourg de Mouy, confédéré cependant à la sainte
Union. Pendant qu'ils s'épandaient, fouillant,
gâchant, s'enivrant, ils furent tout à coup enve-
loppés par le seigneur de Vaudrey, qui avait eu

nouvelle de l'attaque et survenait en grande hâte.
Il chargea vigoureusement ces malotrus, en tua
un grand nombre et poursuivit le reste jusqu'à
Parisifontaine.

Ce vaillant capitaine reçut du roi de Navarre
une compagnie d'ordonnance par lettre patente
donnée à Blois, le 6 février 1589. Henri IV savait
qu'il en userait à son profit, ayant apprécié l'esprit batailleur et indomptable de cet homme actif.
Son animosité à l'endroit des ligueurs et la guerre
qu'il entreprenait contre eux trouvaient une
large satisfaction dans la sanction intéressée du
Béarnais. Au reste, il ne pouvait chômer. Le fanatisme des Parisiens entretenait la frénésie des
Beauvaisins. Ils eurent beau s'organiser pour
combattre ou détruire les forts du parti royal, ils
avaient sans cesse un adversaire gênant, qui leur
barrait le chemin, les surveillait et devenait insai-
sissable. Les châteaux de Mouy, Châteaurouge,
Châteauvert à Hondainville, Bresles lui servaient
de repaires. Il s'y retirait, laissait reposer ses
hommes, tenait l'ennemi en perpétuel échec,
pratiquait enfin guerre si âpre que nul n'était
assez osé pour bouter le nez hors des murailles.
Pareille situation ne s'était vue dans la bonne
cité, même au temps de Charles-le-Téméraire,
car alors on se battait, tandis que maintenant les
citoyens se maintenaient immobiles, toujours en
crainte. Ils résolurent donc d'envoyer à Mayenne
un émissaire qui parvint jusqu'à lui à travers
mille dangers. On le suppliait de délivrer Beauvais d'un tel fléau, tant nuisible à la religion.
Mayenne y consentit bien volontiers, car il redou-

tait fort ce sire de Mouy et voulait le destourber de combattre sans trêve ni repos ceux de la sainte Union. Les compagnies de la ville (1), munies d'artillerie, joignirent le chef ligueur et marchèrent sur Mouy. Le 28 février, on investit la place dont on s'empara, malgré les belles fortifications et engins de guerre. Voyant cette puissante armée en bonne ordonnance, bien pourvue, commandée par un guerrier de renom, Vaudrey pensa sagement qu'il ne pourrait résister. Tout marmiteux il gagna Bury en hâte, demanda hospitalité au prieuré voisin de ce bourg. M. le Prieur, bon catholique, entra en griève perplexité. Il craignait, en recueillant un hérétique, les vengeances des ligueurs plus que celles du ciel. D'autre part, le sire de Mouy lui donnait frayeur véhémente car il n'ignorait pas ses emportements. Ce pauvre prieur ne savait à quoi se résoudre et il fit un médiocre accueil au fugitif qu'il aurait de préférence envoyé à tous les diables d'enfer. Vaudrey connaissant la moinerie très-attachée au temporel, se souciant petitement des biens promis en l'autre monde, offrit pour chaque année un porc gras et douze setiers de blé à prendre sur les moulins de Mouy, rente qui se continua fidèlement jusqu'en 1789. Sitôt la foi jurée, M. le Prieur prit confiance, il songea que la résistance serait vaine. Le porc gras fit le reste, et comme personne n'avait vu entrer le seigneur au prieuré il lui permit de rester et le cacha soigneusement.

Les ligueurs ayant le château de Mouy en leur

(1) Ces compagnies, vêtues de rouge, étaient désignées sous le le nom de *casaques rouges*.

pouvoir résolurent de s'en débarrasser. Les capi-
taines Boulanger et Binet le brûlèrent. Quatre
cents ouvriers, guidés par les nommés Evrard et
Lebègue, vinrent de Beauvais, détruisirent les fortifications, ne laissèrent que deux tours et des
murailles qui subsistent encore aujourd'hui. Ils
saccagèrent également Châteauvert, place fortifiée
qui existait sur l'emplacement de la ferme située
au nord du village d'Hondainville, près du ruisseau
de Lombardie, et ils y mirent garnison.

Après ces exploits qu'ils devaient payer cher, ils
se dirigèrent sur Clermont. Vaudrey quitta aussitôt
le prieuré de Bury et se rendit auprès du roi Henri
qui combattait pour lors en Normandie. Il savait,
le prud'homme, qu'il y avait de beaux horions à
donner et à recevoir, aussi ne voulait-il pas manquer si bonne partie. En effet, il fût à la bataille
d'Ivry (1590) et s'y comporta valeureusement. Le
Béarnais écrivait au duc de Longueville : « Mon
cousin, nous avons à louer Dieu ; il nous a donné
une belle victoire, etc. MM. d'Humières et de
Mouy sont arrivés à la première volée de canon. »

Pendant ces mêlées continuelles, la campagne
était inondée de soldats indisciplinés cherchant
pâture, n'obéissant à aucun chef, détruisant par
plaisir, sans profit, uniquement pour faire le mal,
rossant le paysan par passe-temps et pour lui
extorquer le peu qu'on lui supposait. Avec pareil
désordre, la récolte de l'année fut absolument
perdue.

Les ligueurs avaient mis au château d'Ansacq
un certain nombre de routiers de cette espèce afin
de s'opposer aux incursions des huguenots can-

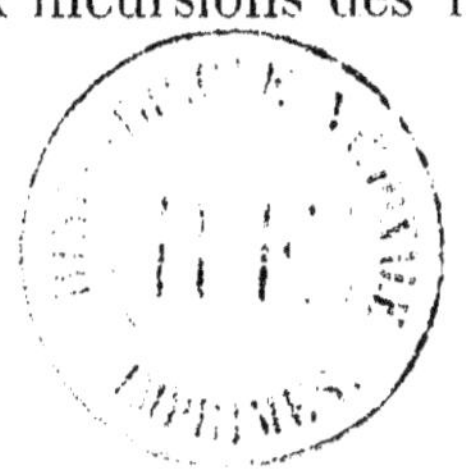

tonés à Clermont. Ces brigands, au lieu de veiller, ravagèrent le domaine. Menacés d'être attaqués par les voisins, ne se souciant guère de combattre, n'aimant qu'à ripailler, ils obligèrent le seigneur d'Ansacq à livrer l'entrée de la place aux aggresseurs. Race malfaisante, le plus souvent nuisible au parti qui l'employait, ivrogne et débauchée, criminelle à tous les chefs, ne connaissant ni amis ni ennemis, s'abattant indistinctement sur les pays, ravageant, brûlant tout sur leur passage... Telles étaient les bandes qu'enrôlaient les chefs du parti catholique. Les troupes des huguenots ne présentaient pas un aspect beaucoup meilleur, mais il régnait plus d'ordre et une discipline plus sévère. Somme toute une licence effrénée alliée à une barbarie grossière existaient de part et d'autre.

La Noue, après la victoire d'Henri IV, s'avança sur Beauvais dont il tenta en vain de s'emparer. La résolution du maire Godin et des habitants l'empêchèrent de remporter aucun avantage. Trop sage pour s'obstiner à rester inactif devant les murs, il se retira laissant un adversaire redoutable dont les attaques se succédaient sans interruption. C'était le sire de Mouy dont l'animosité contre les Beauvaisins s'était exaspérée en sachant qu'ils avaient ardé et démoli son beau châtel de Mouy. Il entra en ire véhémente et jura qu'il en prendrait cruelle revanche. C'est pourquoi il s'acharnait davantage contre les ligueurs. Sitôt La Noue retiré, il recommença de plus belle ses incursions. Le 19 janvier 1591, on le voyait avec 200 chevaux auprès de Tillé provoquer le seigneur

de Brouilly qui refusa combat. Maître du château
de Bresles, il tenait Beauvais dans des alertes continuelles. Pas un convoi n'arrivait à destination.
Les marchands, certains d'être dépouillés, ne se
montraient plus, aucun paysan ne se hasardait à
apporter des vivres au marché, car Vaudrey, à
l'affût, les capturait et prenait leurs denrées.

Devant l'inaction des Beauvaisins qui ne bou-
geaient de leur enceinte, le sire de Mouy vint
jusqu'aux portes de la ville, criant aux gens de la
garnison pour les exciter : « Sortez belistres,
canailles, chastrés et autres gros mots outra-
geants. » L'un d'eux, nommé Coustelle, oyant ce
grand bruit de paroles, se trouvant sur le rempart,
mit bas les chausses et montra par dérision le serre
croppière au seigneur Vaudrey, mais il en reçut
grande punition, car un de la bande huguenote
lui envoya une arquebusade qui l'atteignit en plein
noir. Ce gentil paillard hurla de mâle douleur, se
recommandant à sainte Angadrême, patronne de
Beauvais ; il demeura caquesangue jusqu'à la fin
de ses jours à cause de la plaie horrifique et n'eût
désormais l'envie d'insulter tant grièvement des
ennemis si redoutables.

Cet enragé Vaudrey attaquait les moindres
bourgs attachés à la ligue et n'épargnait pas davantage ceux qui demandaient secours à Beauvais.
Mouchy, à cette occasion, fût mis à feu et à sang.

Il y eût un moment d'arrêt dans des expéditions
qui se renouvelaient presque chaque jour. Le vieux
maréchal de Biron venait de nommer le seigneur
de Mouy gouverneur de Gerberoy. Ruinée par la
guerre et les assauts elle devait son importance à

sa situation. Le nouveau gouverneur appelle à son aide, afin de relever les fortifications, les nobles des environs qui avaient trop d'intérêt à la conservation de la place pour ne pas le seconder. En peu de temps, Gerberoy devint donc aussi puissante qu'auparavant. Ces travaux considérables n'empêchaient pas Vaudrey d'avoir l'œil sur Beauvais.

Le 4 juin, il apprend que vingt-deux charrettes de sel se rendaient à Amiens avec de nombreuses troupes armées. Aussitôt il rassemble ses cavaliers, les sépare en deux groupes qu'il cache dans les bois, et comme le cortège s'acheminait tranquillement vers sa destination, il se jette au milieu des compagnies de pied, y met le désordre, au moment où elles se croyaient en pleine sécurité. L'autre bande fait irruption sur l'arrière-garde au cri de Soyécourt, cri trop connu de tous et qui frappait de terreur. Cependant, l'on fit résistance, mais entourés de soudards aguerris, vivant dans les combats, ces braves gens, malgré leur courage, furent obligés de s'enfuir déconfits, criblés de blessures, tellement navrés que c'était grand pitié lorsqu'ils rentrèrent dedans la ville. Vaudrey s'en alla ensuite vers Bresles. Une nouvelle compagnie, voulant venger la défaite, sortit de Beauvais, gagna Laversines dans l'intention de lui couper la retraite : ses efforts n'aboutirent qu'à une seconde défaite et le chef Desmazures resta prisonnier.

Ce forcené Vaudrey luttant sans donner le temps de respirer à ses adversaires, surprend le château de Frocourt, tue le fils du receveur avec lequel il avait eu maille à partir en diverses ren-

contres, emmène les prisonniers desquels il
espère tirer grosse rançon. Les paysans victimes
des deux partis se trouvaient dans l'impossibilité
de payer les tailles. La ville sans pitié s'emparait
de leurs bestiaux et des grains quand les pillards
leur avaient laissé quelque chose.

Le 24 août, les agents de la cité de Beauvais,
après avoir tout saisi à Bury et à Angy, ramenaient
le butin quand Vaudrey les assaillit. Leur ferme
contenance l'empêcha de pouvoir les entamer.
Pour la première fois, il éprouvait un échec.

Nulle sécurité pour les villageois, anxiété jour et
nuit, subsistances rares, voilà l'existence, à cette
époque, des populations décimées par les priva-
tions et les angoisses perpétuelles dont elles ne
prévoyaient pas l'issue.

III

Le sire de Mouy ne laissant nul répit, causant
des nuisances et dommages innombrables, Godin,
durement tanné, voulut en finir à tout prix et
délivrer la contrée de pareil fléau. Il engagea
donc les garnisons de Péronne, de Montdidier à se
réunir à celle de Beauvais. Comme Vaudrey avait
eu nombreux démêlés avec les catholiques de Pi-
cardie, ceux-ci acceptèrent volontiers la proposi-
tion, et le 24 octobre ils marchèrent de concert
sous la direction du commandant Saisseval sur le
château de Bresles, retraite ordinaire de leur
ennemi. Ils traînent avec eux de grosses pièces
de canon restées inoffensives, pas un seul n'en
connaissant le maniement. Néanmoins, en présence d'une telle force, les assiégés n'osèrent
résister et se rendirent. Saisseval se hâta de faire
de bonnes conditions et laissa sortir les troupes
avec les honneurs de la guerre, car il venait
d'apprendre que le seigneur de Mouy rassemblait
des gens pour secourir la place et ne tarderait pas
à paraître.

Le fanatisme ne diminuait pas à Beauvais.
Luquin chauffait les têtes; sa rage se concentrait
principalement sur l'hérétique Henri IV. Ce furieux
poussait ses concitoyens à livrer la France au roi
catholique Philippe d'Espagne. Il voyait déjà ce

sombre et cruel cagot établissant chez nous l'inquisition, brûlant, torturant les huguenots. Quand il parlait des supplices qu'il se promettait d'exciter, ce fanatique inspirait la terreur, et, cependant, tel était le niveau intellectuel du temps, tel était l'abrutissement résultant de l'esprit religieux, que les paroles d'un misérable insensé avaient la puissance d'exalter ses auditeurs. Godin, en communauté d'opinion avec lui, quoique d'une valeur bien supérieure, montrait une férocité identique. Il fallait anéantir les hérétiques, les faire disparaître de la chrétienté sans miséricorde. Tout moyen leur semblait légitime. Les chefs catholiques de Beauvais décidèrent même de livrer au bourreau les prisonniers détenus à l'évêché, tous officiers du Béarnais. Déjà le peuple et la bourgeoisie se réjouissaient d'assister au beau spectacle de leur décollation. Ces braves gens savouraient d'avance le bonheur de voir couler le sang maudit des ennemis de la religion. Tous s'attendaient à cette fête, mais ils furent déçus. Heureusement Vaudrey, averti du projet, fit parvenir cette lettre au Conseil de la ville :

« Le roi a sceu qu'en votre conseil de ville,
« vous aviez résolu de faire mourir en vos pri-
« sons les sieurs De Grémévilliers, La Clergerie,
« Laplace, Cossart et autres, ses serviteurs, que
« tenez prisonniers de guerre, pour les avoir pris
« au siège du château de La Neuville-en-Hez. Cela
« peut tirer à conséquence pour ceux qui portent
« les armes en votre parti, mais aussi pour tous
« ceux qui vous favorisent, spécialement pour les

« marchands de votre ville qui pourraient être
« appréhendés. Comme étant plus près votre
« voisin, j'ai eu charge de vous avertir afin que
« le roi et ses serviteurs ne soient pas blâmés de
« cruauté; car votre exemple sera suivi par tous
« les lieux de votre obéissance, si quelqu'accident
« arrive à aucun des dits prisonniers. Cette lettre
« n'étant à autre fin, je finirai priant Dieu nous
« donner à tous ce qui est nécessaire à sa gloire.

« 14 janvier 1592, de Bresles. »

Au reçu de la lettre, ils entrèrent en souci
étrange. Si nous décollions ces hérétiques, pen-
saient-ils, ce serait acte délectable à Dieu et pro-
fitable à l'édification de la foy. D'autre part, en ce
faisant, nos parents, nos amis seront géhennés et
mis à mort. Godin et son conseil n'ignoraient pas
à quel homme ils avaient affaire. Ils savaient que
les menaces de Vaudrey ne restaient jamais vaines
et qu'il userait de sanglantes représailles. Crai-
gnant alors pour les leurs, malgré leur extrême
désir de se débarrasser des prisonniers, ils sur-
sirent à l'exécution. Profitant de la circonstance,
ils demandèrent et obtinrent que la garde du
château de Bresles fût confiée à un autre gouverneur qui s'engagerait à ne pas se livrer à de perpétuelles hostilités comme le sire de Mouy.

En juin 1592, Henri IV occupait Clermont avec
6,000 soldats. Il avait en outre disséminé ses
forces à Mouy, tout démantelé que fût le château,
à Bresles, Gerberoy, afin de contenir la contrée.
Beauvais restait inébranlable. Avec un chef tel
que Godin, il n'aurait pas fallu se risquer à parler

de composition. Manifester de la frayeur eût été un crime à ses yeux. Les ligueurs fervents admiraient la fermeté de cet homme, sa fidélité à l'Eglise, et savaient combien sa vigilance préservait la ville des dangers renouvelés chaque jour. Malgré une surveillance sévère, Beauvais échappa par un hasard singulier à une surprise qui lui serait devenue funeste.

Le 8 juin, pendant la nuit, une femme de Clermont parvint, sans être découverte, à gagner une porte de Beauvais. Elle veut parler au maire.... on la renvoie! Elle doit, dit-elle, lui communiquer une nouvelle importante, ne souffrant aucun délai. La garde soupçonne une trahison, la menace et la repousse avec force injures. Cependant, devant sa ténacité, on l'introduit et elle révèle à Godin le secret d'une attaque nocturne dont elle avait surpris les détails en se cachant dans une pièce voisine de celle où se tramait le complot. Des châtelains du Clermontois organisaient une escalade à un endroit des murailles que cette femme désignait. Un charpentier, chassé de la ville pour ses méfaits, avait indiqué par vengeance le point faible aux seigneurs de Mouy, de Maricourt, de Guitry, de Persigny et autres. Sans perdre un instant, Godin distribua ses forces, attendit les assaillants qui, se voyant découverts, renoncèrent à l'expédition et se retirèrent.

Vaudrey, courroucé d'avoir manqué si bonne occasion de nuire à Beauvais, se tourna vers le village de Savignies qu'il saccagea et brûla malgré sa résistance. Puis, il s'empara du château d'Onsen-Bray. Cette expédition lui devint fatale.

Le 28 juin, à neuf heures du matin, deux habitants de Savignies, Christophe Poitevin et Louis Godin, furieux de ces ravages, arrivent précipitamment à Beauvais, affirmant que le seigneur de Mouy passait une heure auparavant à Savignies, avec trente cavaliers, accompagnant jusqu'à Senlis un convoi de marchandises. Saisseval, qui commandait la force armée, arrivait d'Amiens. Sans prendre le temps de retirer ses houzeaux ni de se reposer, il réunit toute la cavalerie à laquelle se joignent les casaques rouges et d'autres volontaires. Ils s'attendaient à une rude besogne, car leur ennemi et sa bande étaient des routiers aguerris. Aussi, Saisseval organisa une embûche. Il forma trois corps, l'un au-delà de Mouchy, l'autre à Noailles (qui s'appelait Longvillers à cette époque), à Parisifontaine, de façon à occuper les passages qui devaient être traversés. Les espies viennent en hâte annoncer que Vaudrey s'arrête à Tillard. Saisseval dispose son monde dans le bois de Frémicourt avec l'ordre sévère d'observer un silence absolu et de façon à prendre la troupe en tête et en queue. Bientôt apparaissent les bagages qu'on laisse passer, puis ensuite le sire de Mouy qui devisait tranquillement sans la moindre doutance avec le sieur de Dalcheu, gouverneur de Neufchâtel. Aussitôt l'avant-garde se précipite impétueusement. Le reste de l'embuscade sort de sa cachette, enveloppe Vaudrey, fond sur ses compagnons, criant : « Beauvais ! Sus pour la bonne ville ! » Ces gens, pris à l'improviste, ne peuvent se défendre. Beaucoup d'entre eux succombèrent. Le sieur de Dalcheu reçut dix-sept blessures. Dans la mêlée, de Mouy, qui combattait en désespéré, assommait l'un, tranchait l'autre, bousculait la meute acharnée après lui, car c'était lui surtout qu'ils voulaient tuer ou prendre. Son cheval s'abat, il parvient à se dégager, quitte le chemin sans être vu, s'enfonce dans le taillis où les cavaliers renoncent à le poursuivre. Mullot, de La Chaussée-du-Bois-de-l'Ecu, l'aperçoit, descend de cheval, l'atteint et lui porte son coutelas à la gorge. De Mouy saisit l'arme et se blesse cruellement aux mains et au visage; quoique fatigué par un combat contre tant d'adversaires, il lutta encore vigoureusement malgré ses plaies. Le soldat Thourin survient, se jette sur lui. Esreiné, incapable de se défendre davantage, il rend son épée. Chacun des deux cavaliers reçut 83 écus pour cette belle capture.

Falempin, qui tenait en haine véhémente le sire de Mouy pour les nombreux pourchas et noises qu'il avait dressés à son encontre, se trouvait là. Il accourt criant : Tue, tue ! Il s'apprêtait à le percer quand Saisseval survint avec plusieurs officiers, le vitupérant aigrement et lui remontrant que ce n'était pas fait d'homme de guerre, après s'être rendu, d'occire un adversaire abattu, qu'on l'aurait tué lui-même s'il avait commis telle félonie et déloyauté.

Le fanatisme était si brutalement accentué que le chroniqueur du faubourg Saint-Quentin osa dire : la faute est énorme, on aurait sagement fait en se débarrassant de Vaudrey tant hostile à la sainte Union. Cette réflexion peint l'esprit impitoyable de ces abominables guerres de religion. Les habitants de Beauvais pensaient de même.

Le seigneur de Mouy le sentait bien, aussi cheut-il en mélancolie et abattement en se voyant prisonnier de ceux contre lesquels il avait guerroyé pendant longues années. Ces gens me feront mourir de male mort, disait-il, ou le sieur Godin me fera décoller. La pensée de la vengeance du peuple à son entrée le glaçait. Lui, qui bravait chaque jour les dangers dans les batailles furieuses ou dans les courses pleines de péril, restait immobile, couché sur son manteau, ne voulant monter à cheval ni avancer, tant il craignait la risée des Beauvaisins.

Le sire de Saisseval voulut le rassurer. « Ah ! Saisseval, lui disait-il, ne pourrez empêcher ces gens qui m'ont tant redouté et qui me haïssent de me faire périr. Godin les y poussera, maintenant que suis en leur possession. » Je vous engage ma foi et baille promesse solennelle, par le sang de N. S. J. Christ, que serez traité comme prisonnier de guerre, lui répondit le commandant qui était noble homme et vertueux guerrier.

Parvenus à Saint-Lazare, il retint sa troupe à la porte et entra en conférence avec Godin. Il lui remontra que Vaudrey avait, il est vrai, causé mille dommages à leur parti, mais que les ligueurs de leur côté l'avaient combattu souventes fois, qu'ils avaient ruiné ses manoirs et qu'il serait malséant de mettre à mort un captif, que ce serait action condamnable qui siérait plutôt à un mécréant qu'à un vrai chrétien. Ses belles paroles amenèrent réflexion chez Godin qui assura par serment que Vaudrey appartiendrait à lui, Saisseval, comme son propre prisonnier.

IV

Sitôt qu'il l'eût quitté il se rendit auprès du seigneur de Mouy et l'engagea doucement à avoir fiance en sa parole.

Quand l'on sut à Beauvais qu'il était pris, tous furent en liesse. Il semblait qu'il n'y avait plus rien à craindre, que les huguenots de la contrée, déconfits, privés de chef, n'oseraient désormais tourmenter le pauvre monde.

« Une foule immense encombrait les rues, se pressait sur son passage pour voir de près cet homme, qui épouvantait les populations, ce châtelain de Beauvais, fléau de sa ville natale (1). Le menu peuple l'injuriait, l'appelant mauvais fol, disant : « Nous te tenons, tu ne causeras plus meschief. A la honte ! à la honte ! Le loup est prins ! » Les petits enfants heurlaient tant que pouvaient, mais sitôt que le prisonnier mouvait un peu la tête, ils se sauvaient en criant et se mussaient derrière leur mère. Quand on voulait leur faire peur, on leur disait : « Vaudrey va te prendre ». D'aucuns citoyens l'auraient tué volontiers sans plus tarder, mais l'on faisait bonne

(1) L'impression causée par cet homme a laissé de tels souvenirs dans plusieurs de nos villages, que les gens appellent un mauvais sujet un *Vaudrey*, sans toutefois connaître l'origine de cette dénomination.

garde et l'on obéissait aux ordres de Saisseval que tous respectaient.

Les cloches des églises, de la Cathédrale furent mises en branle et sonnèrent à beau carillon. Luquin monta en chaire, fit un sermon contre les huguenots, assurant aux fidèles que la protection de Dieu se manifestait d'une manière évidente puisqu'il avait fait tomber en leur pouvoir l'un de leurs plus dangereux adversaires. Mais, s'écriait-il, le roi de Navarre, cet hérétique relaps, existe encore, ne vous reposez pas tant que vivra un ennemi de l'Eglise. S'il n'eût tenu qu'à ce fanatique, l'on se serait rué sur Vaudrey qu'on aurait égorgé sur le champ malgré la foi qui lui avait été baillée.

Lorsque Mayenne apprit cette capture, il en fût bellement réjoui, tant il craignait les hardies entreprises de cet homme infatigable. Il fit promettre à Godin de ne jamais quitter le sire de Mouy ni de l'échanger contre personne que Saisseval en cas qu'il soit prisonnier. On le conduisit à l'Evêché, resserré étroitement par les compagnies, surveillé jour et nuit, car on appréhendait toujours qu'il ne s'échappât. Lui se méfiait que malgré les serments les serviteurs envoyés par Godin ne voulussent l'empoisonner. Comme il souffrait cruellement de ses blessures, on lui expédia des barbiers auxquels il refusa obstinément de se confier.

Godin vint trouver le captif qui se démenait comme lion en cage. Pourquoi, lui demanda-t-il, avez vous été traître et enraigé contre le pays où vous avez pris naissance ? Messire Godin, lui répond

Vaudrey, vous vous gaussez de moi. Le roi Henri,
mon maître, m'a ordonné de combattre les ligueurs,
je lui ai juré obédience, vous le savez? et puis
vous autres beaux catholiques, n'avez-vous pas,
plus qu'avez pu, causé dommage à ceux de mon
parti? Et pourquoi aussi avez-vous détruit et ardé
mon beau châtel de Mouy? Cuidez-vous que n'en
prenne remembrance?

A Beauvais, on l'accusait d'avoir déclaré au
maire ceux de la ville avec lesquels il s'entendait.
Quand il apprit cette imputation calomnieuse, il
entra en grande colère. Jamais, disait-il, je n'eus
d'accointance avec les Beauvaisins pendant que
j'ai guerroyé contre eux. C'est vilenie de dire que
j'aurais lâchement dénoncé ces gens. Je les défie
et les tiens pour félons.

C'était vrai! Vaudrey employait toutes sortes de
ruses, d'embûches pour combattre ses ennemis,
pour les surprendre. Il n'était guère accessible à
la pitié, car en ce temps de haine rageuse l'on se
ménageait rarement et les atrocités commises
par les catholiques sur les protestants avaient
amené chez ceux-ci le désir de représailles rendues
souvent avec usure. Seulement Vaudrey avait le
cœur trop haut pour s'abaisser à une dénoncia-
tion.

Depuis sa capture, la cité se pensait libérée des
dangers. L'on n'avait plus à craindre les irruptions
subites qu'il commandait en personne. La vigilance de jadis se relâchait. La sécurité était telle
que le 6 septembre trois maraudeurs purent s'in-
troduire dans le faubourg Saint-Jacques, y com-
mettre des vols, emporter le tronc d'une chapelle

avec les ornements du culte. C'est la bande à Vaudrey, disait-on, les hérétiques ont violé la maison de Dieu. Les fidèles ne songeaient pas que beaucoup d'excellents papistes ne se faisaient aucun scrupule de s'approprier les bons biens de la sainte Eglise. L'on rétablit une surveillance active que Godin voyait faiblir avec peine.

Pendant une nuit, il y eût alerte. On crut apercevoir des feux dans les vignes du mont Saint-Symphorien. L'alarme est donnée, l'épouvante gagne les habitants ! Ce sont cruels soudards de Vaudrey qui viennent le délivrer, il va s'évader et nous causera mille dommages comme devant. Déjà il a cherché à corrompre ses gardiens. Qu'allons-nous devenir ? Falempin avait raison, il valait mieux le tuer. Ces propos étaient dans toutes les bouches. Il avait laissé une terreur si profonde que l'on courut à la prison afin de voir s'il y était encore. On se précipitait pour le massacrer. Les gardes s'y disposaient. Sans l'intervention du nouveau maire, Boicervoise, ils auraient exécuté leur intention. Encore eût-il grand peine à les retenir !

Malgré tout, le conseil, embarrassé de son prisonnier, chercha à s'arranger avec lui. Si l'on avait pu se persuader qu'il ne causerait plus de dommages aux habitants de la ville, qu'il ne ravagerait plus les campagnes, on l'aurait volontiers relâché. Il avait appris que l'on négociait auprès de Mayenne pour lui échanger le baron de Lachâtre contre le seigneur de Mouy, mais si ce dernier aspirait à recouvrer la liberté, les Beauvaisins désiraient beaucoup depuis longtemps ne plus être continuellement menacés par les châteaux de Bresles, Gerberoy, Ons-en-Bray, dans lesquels se réfugiaient les cavaliers de Mouy, tant pillards et gâcheux. Ils demandèrent donc la destruction de ces postes fortifiés. Vaudrey déclara qu'il consentait à démolir Bresles, mais qu'en raison de l'importance de Gerberoy il ne pouvait se dispenser d'en conférer avec le roi Henri IV.

Après force pourparlers, Saisseval mit en liberté, le 5 novembre, le seigneur de Mouy, qui laissait en otages son neveu Benjamin de Normanville et le capitaine Mérard, qui tenaient pour lui en prison et à ses frais,

Le démantèlement de Bresles, Ons-en-Bray, Gerberoy était stipulé ainsi que la neutralité de Mouy, Châteaurouge, Châteauvert, qui du reste n'offraient plus grande résistance. Vaudrey s'engageait à ne pas chercher querelle ni guerroyer contre Beauvais dans un rayon de six lieues. A cette condition la ville, qui avait refusé 10,000 écus pour le relâcher, consentit à lui rendre la liberté. L'arrangement fût ratifié au camp de Chauny par Henri IV et Mayenne.

Habitué à la vie aventureuse pleine de hasards, de dangers, le prisonnier avait souffert pendant sa rude détention. A peine libre il voulut se dégourdir les membres et courir joyeusement aux expéditions. Il avait de nouveau réuni ses soudards, qui attendaient impatiemment sa présence pour recommencer leurs équipées. Il rencontra un parti de ligueurs à sept lieues de Beauvais, ne voulut manquer si bonne aubaine, se jeta dessus et le défit. C'est le dernier exploit de Vaudrey mentionné par les chroniqueurs.

Quand eût lieu la pacification du pays, qu'Henri IV fût reconnu roi de France après avoir abjuré la religion réformée dont il ne se souciait pas plus que du catholicisme, l'on n'entendit plus parler du seigneur de Mouy. Nous ignorons ce qu'il devint, tout document faisant défaut.

En 1627, on retrouve un marquis de Mouy cédant à l'évêque Augustin Potiers ses droits comme châtelain héréditaire de Beauvais.

En 1632, un sieur de Mouy, commandant les compagnies de cavalerie du cardinal de Richelieu, fût tué à la bataille de Mayence.

En 1722, le comte Joseph de Vaudrey fit paraître le roman de Gabrielle de Vergy. Ce sont les amours et les aventures de Charles de Vaudrey, qui vivait en 1075 (Moreri).

Il existe encore des Vaudrey à Mouy. Peut-être sont-ils les derniers descendants de cette famille, quoique l'orthographe ne soit pas identique; mais, en gens de sens, ils n'en prennent nul souci, car aujourd'hui les titres nobiliaires sont devenus semblables aux rossignols des vieux fonds de boutiques. Quant aux bons hommes qui veulent affubler leur nom d'une particule afin d'essayer à déguiser leur rusticité, ils n'obtiennent d'autre résultat que le ridicule d'une vanité d'imbécile.

FIN.